이종욱

# 이종욱

이은정 글  우지현 그림

비룡소

종욱이는 마당에서 흙장난을 하다 말고 벌떡 일어났어요. 평소라면 날이 저물어야 오는 아버지가, 일을 나간 지 얼마 되지 않아 갑작스레 돌아온 거예요.

"여보, 무슨 일이에요?"

어머니가 깜짝 놀라 물었어요.

"서울이 북한군 손에 들어갔어요. 곧 우리 집에도 북한군이 들이닥칠 거예요. 나랏일 하는 공무원들부터 잡아들인다니, 잠시 몸을 피해야겠어요. 상황이 잠잠해지면 돌아올 테니, 내 걱정은 말고 다들 몸조심해요."

아버지는 가족들에게 상황을 알리고 서둘러 집을 떠났어요.

그날 아침, 서울 시청 공무원인 종욱이 아버지는 평소처럼 출근했다가 깜짝 놀랐어요. 시청 앞에 북한군이 빽빽하게 늘어서 있었어요. 1950년 6월 28일, 북한군이 남쪽으로 내려온 지 겨우 사흘 만의 일이었어요.

서울을 점령한 북한군은 시청에 북한의 국기인 인공기를 내걸고, 공산주의를 따르지 않는 사람들을 잡아갔어요. 종욱이 아버지 같은 공무원들이 제일 먼저 잡혀갔지요.

아버지는 몇 달 뒤에야 집으로 돌아왔어요. 국군이 서울을 되찾은 후였어요. 하지만 그 후로도 전쟁은 끝날 줄을 몰랐어요. 북쪽으로 밀려 올라간 북한군이 중공군(중국 공산당의 군대)과 함께 다시 공격해 온 거예요.

종욱이네는 전쟁을 피해 대구로 피란을 떠났어요. 서울에서 대구까지, 매서운 눈보라를 헤치며 시린 눈길을 걷고 또 걸었어요.

전쟁이 남긴 상처는 끔찍했어요. 어디를 가나 무너져 내린 집과 다리의 흔적이 어지럽게 널려 있었어요. 마을 전체가 잿더미로 변한 곳도 많았어요.

길가에는 피란길에 병들고 상처 입은 사람들이 쓰러져 있었어요. 하지만 전쟁 중이라 치료는커녕 약 한 알조차 구하기가 힘들었어요.

종욱이도 다리 아픈 걸 꾹 참고 걸었어요. 절룩이는 종욱이가 걱정되었는지, 누나가 자꾸만 돌아봤어요. 그때마다 종욱이는 씩씩하게 말했어요.

"누나, 난 괜찮아!"

다리가 퉁퉁 부었지만 종욱이는 불평하지 않았어요.

'아픈 사람이 이렇게 많은데 아무도 치료를 받지 못하다니……. 전쟁이 안 일어났으면 얼마나 좋았을까!'

1953년 7월, 우리나라와 북한은 전쟁을 멈추기로 하고 휴전 협정을 맺었어요. 하지만 종욱이는 전쟁 중에 보고 겪었던 일들을 결코 잊지 못했어요.

1957년에 종욱이는 중학생이 되었어요. 책을 좋아한 종욱이는 수업이 끝난 뒤에 학교 도서관에서 자원봉사를 했어요. 도서관을 청소하고 정리하는 틈틈이 보고 싶은 책을 실컷 읽었지요.

종욱이는 특히 영국의 극작가인 셰익스피어를 좋아했어요.

"셰익스피어 작품을 영어로 읽으면 더 실감 날 거야!"

종욱이는 셰익스피어의 작품을 읽고 싶은 마음에 영어 공부를 열심히 했어요. 영어로 외국 친구들과 편지도 주고받았어요.

그러는 사이 종욱이는 점점 다른 나라의 문화와 역사에 관심을 갖게 되었어요. 언젠가는 세계 곳곳을 모험하며 책에서 본 것들을 직접 경험해 보고 싶었지요.

1960년 종욱이는 경복 고등학교에 입학했어요. 하지만 고등학생이 된 기쁨을 누릴 새도 없이 집안에 큰 슬픔이 닥쳤어요.

"종욱아, 어쩌면 좋니. 아버지가 병원에 입원하셨어."

담배를 많이 피웠던 아버지는 목에 있는 '후두'라는 부분에 암세포가 생겼어요. 아직 담배가 건강에 얼마나 해로운지 널리 알려지기 전이었지요. 아버지는 후두암 진단을 받은 지 겨우 몇 달 만에 세상을 떠났어요.

　아버지가 돌아가신 뒤 종욱이네는 부쩍 형편이 어려워졌어요. 살림을 줄여 작은 집으로 이사했고, 대학원에 다니던 누나는 공부를 그만두고 생활비를 벌었어요.

　'내가 의사가 되면 집에 도움이 될 거야! 가족들을 위해서라도 꼭 의대에 들어가야지!'

　종욱이는 의과 대학 입학을 목표로 열심히 공부했어요.

1963년 이종욱은 서울 대학교 의과 대학의 입학시험을 치렀어요. 하지만 합격자 명단을 아무리 보고 또 봐도 '이종욱'이라는 이름은 없었어요.

 누나가 이종욱을 위로하며 말했어요.

 "종욱아, 넌 어려서부터 관찰하고 뜯어보는 걸 좋아했잖아. 공대에 들어가서 건축 공부를 해 보면 어때?"

 누나의 말대로 이종욱은 한양 대학교 건축 공학과에 시험을 보고 합격했어요. 하지만 학교에 나가도 전혀 기쁘지가 않았어요. 수업에도 통 집중할 수 없었어요.

 '이건 내가 원하는 길이 아니야. 누나가 어렵게 입학금까지 내줬는데, 어쩌면 좋지······.'

　이종욱은 고민 끝에 군대에 들어갔어요. 군대에서 생활하는 동안 이종욱은 자신이 의사가 되려는 이유를 곰곰 생각해 보았어요.
　후두암으로 세상을 떠난 아버지와 피란길에 보았던 병들고 상처 입은 사람들의 얼굴이 떠올랐어요.
　'집안에 보탬이 되기 위해 의과 대학에 들어가려고 했지만, 그게 전부가 아니었어. 나는 아픈 사람들을 치료하면서 살고 싶은 거야. 그게 내가 의사가 되고 싶은 진짜 이유야!'

"어머니, 누나, 저 의대에 다시 한번 도전할래요. 도저히 의사가 되겠다는 꿈을 포기할 수가 없어요!"

군대에서 제대한 후 이종욱은 가족들에게 자신의 생각을 알렸어요. 이종욱의 굳은 결심을 알아차린 가족들은 든든한 응원군이 되어 주었어요.

1970년 겨울, 마침내 이종욱은 서울 대학교 의과 대학에 합격했어요. 처음 시험에서 떨어진 뒤 칠 년 만이었어요.

이종욱은 스물여섯 살의 늦깎이 대학생이 되었어요. 제 나이에 입학한 학생들에 비하면 일곱 살이나 많았지요.

하지만 이종욱은 어린 친구들과도 스스럼없이 어울렸어요. 친구들도 그런 이종욱을 잘 따랐어요. 이종욱은 친구들을 대표해 학교에 학생들의 의견을 전달하는 역할을 도맡아 했어요.

시작이 늦은 만큼 공부도 열심히 했어요. 이종욱은 매일같이 강의실, 실험실, 해부실을 오가며 밤늦게까지 공부에 열중했어요.

1976년 이종욱은 서울의 한 보건소에서 의사로서 첫발을 내디뎠어요. 보건소 일을 하는 틈틈이 경기도 의왕시에 있는 성 라자로 마을로 의료 봉사도 다녔어요.

성 라자로 마을은 한센병 환자들이 모여 사는 곳이었어요. 한센병은 나병균이 몸속에 들어와서 생기는 병인데 '나병'이라고도 해요.

한센병에 걸리면 살이 썩어 들어가고, 눈썹이 빠지거나 코가 주저앉는 등 얼굴이 일그러졌어요. 손가락 발가락이 떨어져 나가고 눈이 멀기도 했어요.

한센병 환자들은 자기들끼리 따로 모여 살았어요. 다른 사람에게 병을 옮길 수 있는 전염병이어서, 한센병 환자를 꺼리는 사람들이 많았거든요.

의사들도 한센병 환자들을 피하기는 마찬가지였어요.

"전국에 한센병 환자가 팔만 명인데, 그들을 돌보는 의사는 나를 포함해 단 두 명뿐이라니……."

이종욱은 한센병 환자들의 어려운 사정을 알고는 깜짝 놀랐어요. 의사조차 치료하기를 꺼리다 보니, 한센병 환자들은 몸의 고통만큼이나 마음의 고통도 컸어요.

다행히 성 라자로 마을에는 환자들을 보살피는 자원봉사자들이 여럿 있었어요. 그중 유난히 이종욱의 눈길을 끄는 사람이 있었어요. 바로 일본인 레이코였어요.

레이코는 몇 년째 성 라자로 마을에 머물며 한센병 환자들을 돌보았어요. 한센병 환자들을 도울 돈을 모으기 위해 곳곳에 편지를 써서 보내기도 했어요.

이종욱은 같은 한국인도 꺼리는 한센병 환자들을 정성껏 돌보는 레이코가 존경스러웠어요. 레이코도 이종욱이 환자들을 거리낌 없이 대하는 것을 보고 감동했어요.

한센병 환자들을 함께 돌보는 사이 이종욱과 레이코는 점점 가까워졌어요. 어느 날, 이종욱이 마음을 단단히 먹고 레이코에게 물었어요.

"레이코 씨는 결혼에 대해 생각해 본 적이 있나요?"

"저는 오랫동안 한센병 환자들과 함께 지냈어요. 병이 옮았어도 이상하지 않을 정도이지요. 그러니 누가 저와 결혼하려고 하겠어요?"

레이코의 말에 이종욱은 망설임 없이 답했어요.

"레이코 씨가 한센병에 걸린다면, 내가 돌봐 줄게요!"

이종욱의 믿음직한 모습에 레이코의 마음이 움직였어요. 곧 두 사람은 평생을 함께하기로 약속했어요.

결혼을 앞두고 이종욱과 레이코는 춘천으로 갈 준비를 했어요. 이종욱이 강원도 춘천에 있는 강원 도립 의료원(지금의 강원 대학교 병원)에서 일하게 되었거든요.

이종욱과 레이코가 춘천으로 떠나는 날, 성 라자로 마을 사람들이 작별 인사를 하러 왔어요. 그들은 작은 상자를 내밀며 말했어요.

"레이코 씨, 종욱 씨, 그동안 정말 고마웠어요! 두 분을 평생 잊지 못할 거예요!"

상자 안에는 레이코와 이종욱의 이름을 새긴 반지가 들어 있었어요. 어려운 형편에도 마을 사람들이 정성을 모아 마련한 귀한 선물이었지요.

춘천에서 이종욱은 응급실 의사로서 바쁜 나날을 보냈어요. 응급실에는 급히 치료해야 하는 환자들이 많았어요. 이종욱은 근무 시간이 아닐 때에도 연락이 오면 바로 병원으로 달려가곤 했어요.

어느 날 퇴근한 이종욱이 집에 막 들어서는데 레이코가 다급히 말했어요.

"병원에서 전화가 왔어요. 빨리 와 달래요."

이종욱은 신발을 벗을 겨를도 없이 곧장 병원으로 돌아갔어요.

"무슨 일이에요?"

응급실로 헐레벌떡 뛰어가자, 의사들이 곤란한 표정을 지으며 한곳을 가리켰어요. 한센병 환자였어요.

"선생님이 한센병 환자를 치료해 보셨다고 들었어요. 저희는 경험이 없어서……."

이종욱은 혀를 차고는 한센병 환자를 살펴보았어요.

'치료를 받은 한센병 환자는 다른 사람에게 병을 옮길 위험이 거의 없는데……. 의사라는 사람들이 그걸 모를 리도 없고…….'

이종욱은 의사들마저 한센병이라면 무조건 피하는 모습에 한숨을 쉬었어요.

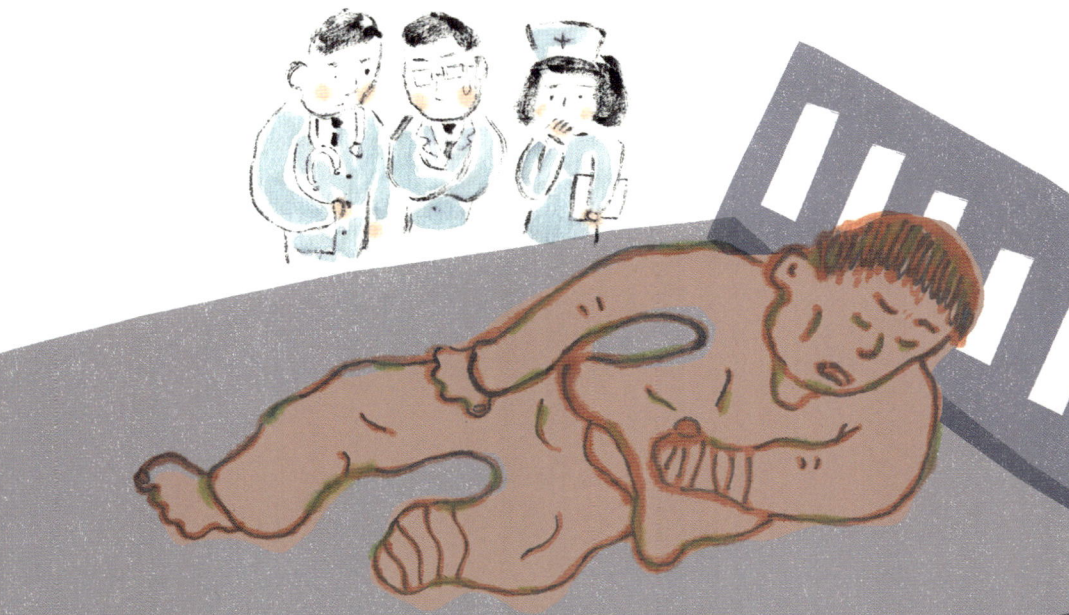

1979년 8월, 이종욱은 가족과 함께 미국 하와이로 유학을 떠났어요. 하와이 대학교에서 공중 보건학을 공부하기 위해서였어요. 이종욱은 전염병을 예방하고 치료하는 방법을 찾는 데 관심이 많았어요. 한센병에 대해서도 더 깊이 공부하고 싶었지요.

이종욱은 이 년간 그 어느 때보다 열심히 공부했어요. 졸업을 앞두고 그런 이종욱을 눈여겨본 지도 교수가 말했어요.
　"학교에 남아 학생들에게 강의를 해 보지 않겠나?"
　이종욱은 고민 끝에 그 제안을 거절했어요. 학교에서 학생들을 가르치는 것도 의미 있는 일이었어요. 하지만 이종욱은 아프고 병든 사람들에게 건강을 되찾아 주는 것이야말로 자신이 진짜 하고 싶은 일이라고 생각했어요.

1981년 하와이 대학교를 졸업한 이종욱은 남태평양의 섬나라 사모아로 갔어요.

이종욱은 사모아의 린든 존슨 병원에서 의사로 일하게 되었어요. 의사로서 환자들을 돌보는 사이사이 이종욱은 한센병 연구를 계속해 나갔어요. 병의 증상이 드러나지 않는 잠복기에 한센병을 발견하는 검사법을 연구해 논문으로 발표하기도 했어요. 이종욱은 한센병 전문가로서 점점 이름을 알려 나갔어요.

병원을 쉬는 날이면 이종욱은 의사가 없는 섬들을 돌아다니며 환자들을 돌보았어요. 사모아에는 몸이 아파도 병원은커녕 섬 밖으로 나갈 수조차 없는 사람들이 많았어요. 그들에게 이종욱은 아프리카에서 평생 원주민들을 도운 의사 슈바이처처럼 고마운 존재였어요. 사모아 사람들은 이종욱을 '아시아의 슈바이처'라고 불렀어요.

1983년 이종욱에게 반가운 소식이 찾아왔어요. 세계 보건 기구(WHO) 남태평양 지역 사무처에서 한센병 자문관으로 일해 달라는 연락이 온 거예요.

　세계 보건 기구는 전 세계 사람들의 건강을 지키기 위해 여러 나라가 함께 만든 국제기구예요. 어떤 지역에서 전염병이 돌거나 원인 모를 질병이 발생하면, 세계 보건 기구에서 일하는 전문가들이 머리를 맞대고 해결 방법을 찾아요. 또 세계 보건 기구는 가난한 나라 사람들이 건강을 지킬 수 있도록 약이나 음식을 전해 주기도 해요.

'국제기구에서 전문가들과 일하다 보면, 더 많은 환자들을 더 효과적으로 치료할 수 있을 거야!'

이종욱은 세계 보건 기구에서 일하기로 결심하고, 남태평양의 또 다른 섬나라 피지로 갔어요. 이종욱이 맡은 일은 남태평양 지역의 한센병 환자들을 치료하는 것이었어요. 이종욱은 피지, 나우루, 바누아투, 솔로몬 등 남태평양의 크고 작은 섬나라를 부지런히 오가며 환자들을 돌봤어요. 한 사람이라도 더 치료하겠다는 마음으로, 때론 배를 타고 때론 비행기에 오르며 이 섬에서 저 섬으로 쉴 새 없이 다녔지요.

환자를 치료하는 틈틈이 이종욱은 한센병에 쓰는 약인 댑손과 클로파지민을 보관하는 방법을 연구했어요.

남태평양 지역은 날씨가 덥고 습해서 걸핏하면 약이 녹아내렸어요.

'또 약이 녹아서 엉겨 붙었네! 좋은 방법이 없을까?'

이종욱은 시간이 날 때마다 다양한 방법으로 댑손과 클로파지민을 보관해 보았어요. 유리병, 플라스틱병 등 다른 재료의 병에 약을 담아 보기도 하고, 습기를 빨아들이도록 약통에 솜을 넣어 보기도 했지요.

여러 차례 실험 끝에 이종욱은 마침내 답을 찾았어요. 댑손과 클로파지민을 같은 병에 섞어서 보관하면 아무리 날씨가 덥고 습해도 엉겨 붙지 않았어요. 간단하면서도 효과가 확실한 방법이었지요.

이종욱은 이 사실을 남태평양의 여러 진료소와 한센병 전문가들에게 알렸어요. 이 일은 영국의 한 의학 잡지에도 소개되어 큰 화제가 되었어요.

이종욱 박사님이 일러 준 대로 했더니 약이 안 녹았어요!

1986년 이종욱은 필리핀 마닐라에 있는 세계 보건 기구 서태평양 지역 사무처로 자리를 옮겼어요.
　서태평양 지역은 남태평양 지역보다 한센병 환자들이 더 많았어요. 그만큼 이종욱이 해야 할 일도 늘고 책임감도 커졌지요.
　한센병 환자들을 돌보느라 바쁜 중에도 이종욱은 서태평양 지역에서 발생하는 다른 질병에 대해 공부했어요. 그 과정에서 전염병이 많이 발생하는 지역에 백신을 보내 주는 것이 얼마나 중요한지 깨닫게 되었지요.

　백신은 병을 일으키는 세균이나 바이러스를 약하게 만든 주사약이에요. 그래서 백신을 맞으면 병에는 걸리지 않으면서 우리 몸속에 병과 싸울 수 있는 물질이 만들어져요. 진짜 병에 걸렸을 때 병을 잘 이겨 낼 수 있는 힘이 생기는 것이지요.

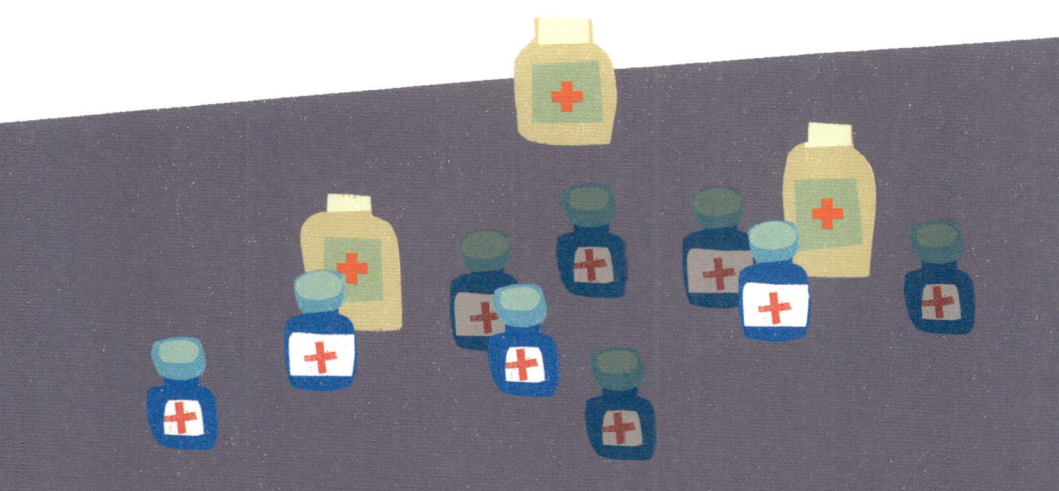

1991년 이종욱은 세계 보건 기구 서태평양 지역 사무처의 질병 관리 국장이 되었어요. 평소 관심이 있던, 백신으로 전염병을 예방하는 일을 하게 된 거예요.
　이종욱은 서태평양 지역에서 소아마비를 없애는 일을 맡았어요. 소아마비는 어린아이들이 많이 걸리는 전염병이에요. 소아마비에 걸리면 몸이 마비되어 움직이지 못할 뿐 아니라, 심한 경우 목숨을 잃기도 했어요. 하지만 백신만 제때 맞으면 충분히 예방할 수 있었지요.

이종욱은 백신 하나가 아이들의 생명 하나라는 각오로 최선을 다했어요. 돈도 많이 들고, 일손도 모자랐지만 이종욱은 포기하지 않았어요. 백신을 구하지 못해 소아마비를 앓는 아이들을 생각하면 가만있을 수가 없었어요.

이종욱은 수많은 사람들을 만나 소아마비를 없애는 것이 얼마나 중요한지 설명했어요. 여러 기업과 단체에 더 많은 소아마비 백신을 구할 수 있도록 돈을 지원해 달라고 부탁하기도 했어요.

질병 관리 국장으로 일한 지 삼 년 만에 이종욱은 스위스 제네바에 있는 세계 보건 기구 본부의 예방 백신 국장이 되었어요.

서태평양 지역뿐만 아니라 전 세계를 살피며 어린이들이 소아마비에서 안전해질 수 있도록 힘쓰게 되었지요.

이종욱이 예방 백신 국장이 된 지 일 년 만인 1995년, 놀라운 일이 일어났어요. 전 세계적으로 소아마비가 발생하는 비율이 인구 일만 명당 한 명 이하로 떨어진 거예요.

이 사실은 곧 세계 여러 언론에 알려져 큰 화제를 모았어요. 미국의 과학 잡지 《사이언티픽 아메리칸》은 이종욱에게 '백신의 황제'라는 별명을 붙여 주기도 했어요.

이종욱은 근사한 별명이 생긴 것보다, 백신으로 건강하게 뛰어놀 수 있게 된 아이들 생각에 더 마음이 뿌듯했어요.

1998년 이종욱은 세계 보건 기구 사무총장 브룬틀란의 특별 보좌관이 되었어요. 사무총장을 돕고, 세계 보건 기구가 할 일을 계획하는 일을 맡았지요.

하지만 오랫동안 현장에서 지낸 이종욱은 사무실에서 하는 일이 많은 특별 보좌관 자리에 쉽게 익숙해지지 못했어요. 무슨 일을 해야 할지 몰라 막막할 때도 많았어요.

그러던 어느 날 이종욱은 사무실 책상 위에 놓인 전화기를 보다가 무릎을 쳤어요. 세계 여러 나라에 흩어져서 일하는 세계 보건 기구 직원들이 서로 더 쉽고 빠르게 이야기할 수 있는 방법이 생각난 거예요.

이종욱은 통화하고 싶은 사람의 전화번호를 몰라도, 이름만 입력하면 바로 연결이 되도록 전화기를 고쳐 놓았어요. 덕분에 세계 보건 기구 직원들은 필요한 때에 필요한 사람과 바로바로 이야기를 나눌 수 있게 되었지요.

　2000년, 이종욱은 세계 보건 기구의 결핵 국장이 되었어요.

　결핵은 인류 역사상 가장 많은 생명을 앗아간 전염병이에요. 백신과 치료제가 개발된 뒤로는 그 수가 많이 줄었지만, 형편이 어려운 사람들은 여전히 결핵으로 목숨을 잃었어요. 백신을 맞지 못하거나, 비싼 결핵 약을 구하지 못해 병을 키웠던 거예요.

"어떻게 하면 더 많은 약을 구할 수 있을까?"

고민 끝에 이종욱은 국제 의약품 구매 기구를 세웠어요. 국제 의약품 기구를 통해 많은 양의 약을 싼값에 살 수 있도록 했지요.

그렇게 마련한 결핵 약을 도움이 필요한 세계 곳곳에 보냈어요. 북한에도 육만 명분의 결핵 약을 전달했어요. 2001년과 2002년에 이종욱은 직접 북한을 방문해 결핵 환자들에게 약이 제대로 전달되고 있는지, 더 필요한 것은 없는지 꼼꼼히 살폈어요.

2002년 여름, 세계 보건 기구가 안팎으로 술렁였어요. 새 사무총장을 뽑는다고 공고가 난 거예요.

곧 멕시코, 모잠비크, 레바논 등지에서 총리나 장관으로 일하고 있는 사람들이 후보로 나섰어요. 사람들은 그들 가운데 세계 보건 기구의 새로운 사무총장이 나올 거라고 생각했어요. 국제기구의 대표는 각 나라에서 정치인으로 활동했던 사람이 맡는 경우가 많았거든요. 브룬틀란 사무총장도 노르웨이에서 총리를 지냈지요.

선거 공고가 난 날, 이종욱은 세계 보건 기구에서 보낸 지난날을 돌아봤어요. 피지 사무소를 시작으로 스위스 제네바의 본부에 이르기까지, 어느덧 이십 년의 시간이 흘러 있었어요.

'나는 장관이나 총리를 지낸 적도 없고, 정치를 해 본 적도 없어. 하지만 세계 보건 기구를 나만큼 잘 아는 사람은 없어.'

이종욱은 자신의 경험과 능력을 믿고 세계 보건 기구 사무총장 선거에 나가기로 결심했어요.

2003년 1월, 세계 보건 기구의 백구십여 회원국들 중 집행 이사회를 맡고 있는 삼십이 개국 대표들이 스위스 제네바 본부에 모였어요. 새로운 사무총장을 뽑기 위해서였어요.

 집행 이사회 가운데 대한민국 대표와 북한 대표는 이종욱을 지지했어요. 하지만 다른 나라 대표들이 어떤 후보를 뽑을지는 아무도 예상할 수 없었어요.

 투표에 앞서 이종욱을 비롯한 다섯 명의 후보가 집행 이사회 앞에서 발표를 했어요. 이종욱은 자신이 사무총장이 되면 세계 보건 기구를 어떻게 이끌어 나갈 것인지 당당히 밝혔어요.

"저는 한국에서 태어났습니다. 놀라운 성장을 이룬 지금과 달리, 제가 어릴 적 한국은 전쟁으로 큰 시련을 겪었습니다. 저는 그 경험을 잊지 않았습니다. 질병과 가난 속에서 살아가는 게 어떤지 누구보다 잘 압니다. 제가 사무총장이 된다면, 부유한 나라 사람들뿐 아니라 가난한 나라 사람들도 건강을 누릴 수 있도록 할 것입니다. 세계 보건 기구의 손길이 절실한, 가난하고 병든 이들부터 도울 것입니다!"

다음 날, 투표가 시작되었어요. 사무총장이 되려면 서른두 표 중 열일곱 표 이상을 얻어야 했어요.

네 차례의 투표 끝에 이종욱과 피오트, 두 후보가 남았어요. 이종욱과 피오트는 닮은 점이 많았어요. 두 사람 모두 국제기구에서 경험을 쌓은 전문가들이었지요. 피오트는 전 세계에 에이즈가 퍼지는 것을 막고 에이즈 환자들을 치료하는 활동을 하는 유엔 에이즈 계획(UNAIDS)을 책임지고 있었어요.

　다섯 번째 투표에서 이종욱과 피오트는 약속이라도 한 듯 똑같이 표를 나누어 가졌어요.
　"피오트 열여섯 표, 이종욱 열여섯 표! 다시 투표하겠습니다."
　곧바로 이어진 투표에서도 같은 결과가 나왔어요.
　긴장 속에서 일곱 번째 투표가 진행되었어요. 투표 결과를 본 의장의 표정이 밝아졌어요. 마침내 새로운 사무총장이 나온 거예요.
　"피오트 열다섯 표! 이종욱 열일곱 표! 이종욱이 세계 보건 기구의 새로운 사무총장입니다!"

2003년 7월, 이종욱은 세계 보건 기구의 제6대 사무총장 자리에 올랐어요.

이종욱은 세계 보건 기구 직원들에게 세 가지 원칙을 강조했어요.

"우리는 올바른 일을, 올바른 장소에서, 올바른 방법으로 해야 합니다!"

이종욱은 가장 먼저 '에이즈와의 전쟁'을 선언했어요. 에이즈는 우리 몸이 질병에 맞서 싸우는 힘인 면역력을 떨어뜨리는 무서운 병이에요. 그래서 건강한 사람은 거뜬히 이겨 낼 수 있는 가벼운 질병도, 에이즈 환자에게는 생명을 위협하는 치명적인 병이 될 수 있었어요.

게다가 에이즈는 마땅한 백신이나 치료제도 없었어요. 에이즈 환자들의 면역력을 높이는 약이 있지만, 가난한 나라의 에이즈 환자들은 약을 구하기가 힘들었어요. 그 때문에 아프리카에서만 하루에 육천 명이 넘는 사람들이 에이즈로 목숨을 잃었지요.

이종욱은 세계 보건 기구의 회원국들 앞에서 에이즈 환자들을 위한 쓰리 바이 파이브(3 by 5) 계획을 발표했어요.

"세계 보건 기구는 2005년까지 에이즈 환자 삼백만 명에게 약을 전달할 것입니다!"

사람들은 믿을 수 없다는 표정을 지었어요.

"2005년이면 겨우 이 년 오 개월 남았잖아? 그동안 그 많은 약을 어떻게 마련하겠다는 거지?"

세계 보건 기구 사람들도 막막하긴 마찬가지였어요.

"이건 불가능한 목표입니다. 약을 구할 돈도, 에이즈 환자들을 돌볼 사람도 부족해요."

이종욱은 도전해 보지도 않고 실패를 걱정하는 사람들에게 단호하게 말했어요.

"돈과 사람이 충분한 때를 기다리다가는 아무도 구할 수 없습니다. 지금 이 순간에도 수많은 사람들이 에이즈로 목숨을 잃고 있어요. 면역력을 키울 약이 있는데도 도움을 받지 못해 죽어 가고 있는 겁니다. 누군가는 그들에게 약을 전해 주어야 합니다! 그 누군가가 바로 우리입니다!"

이종욱은 아프리카를 비롯해 에이즈 문제가 심각한 지역을 직접 돌아보았어요. 그리고 미국, 영국, 프랑스, 캐나다 같은 부유한 나라의 대통령과 총리를 만나 쓰리 바이 파이브 계획을 설명하고 도움을 요청했어요.

거절당하는 일도 많았지만 이종욱은 멈추지 않았어요. 그런 노력 덕분에 캐나다 정부로부터 큰돈을 지원받는 수확을 거둘 수 있었지요.

　한편으로 이종욱은 세계 보건 기구 본부에 전략 보건 운영 센터(SHOC)를 만들었어요. 전염병, 자연재해, 전쟁과 같이 사람들의 건강을 위협하는 일이 벌어졌을 때 빠르게 상황을 파악하고 돕기 위해서였지요.

　특히 이종욱은 새로운 전염병이 발생했을 때 세계 보건 기구의 역할이 매우 중요하다고 여겼어요. 이종욱이 결핵 국장으로 일하던 2003년 3월, 새로운 전염병 '사스'가 아시아와 유럽 곳곳에 퍼져 순식간에 많은 생명들을 앗아 갔어요. 이종욱은 사스를 계기로 새로운 전염병이 처음 발생했을 때, 신속하고 적절하게 대처하는 것이 얼마나 중요한지를 더욱 실감했어요.

이종욱은 각 나라에서 위급한 상황이 벌어졌을 때를 대비해 낡은 국제 보건 규칙을 고치기로 마음먹었어요.
　1969년에 처음 세워진 국제 보건 규칙은 전염병이 발생했을 때 각 나라 정부가 세계 보건 기구에 알리도록 정한 규칙이에요. 그런데 2000년대에 들어서 국제 보건 규칙은 제 역할을 하지 못했어요. 사스, 조류 인플루엔자 같은 새로운 전염병이 세계 보건 기구에 알려야 할 질병 목록에 포함되지 않았기 때문이지요.
　이종욱은 각 나라 정부를 설득해 국제 보건 규칙을 현실에 맞게 고쳤어요. 이제 각 나라 정부는 새로운 전염병이 발생하면 곧바로 세계 보건 기구에 알려야 해요. 또한 전염병이 번지지 않도록 여행을 금지하는 등 세계 보건 기구의 지시에 따라 다양한 조치를 취해야 하지요.

세계 보건 기구 사무총장으로 일하는 내내 이종욱은 세계 곳곳을 돌며 새로운 질병에 대해 경고했어요. 특히 조류 인플루엔자의 위험을 강조했어요.

조류 인플루엔자는 닭, 오리, 칠면조 같은 조류들 사이에 유행하는 독한 감기예요. 사람에게는 옮지 않는 것으로 알려져 있었는데, 1997년 홍콩에서 조류 인플루엔자로 죽은 사람이 나왔어요.

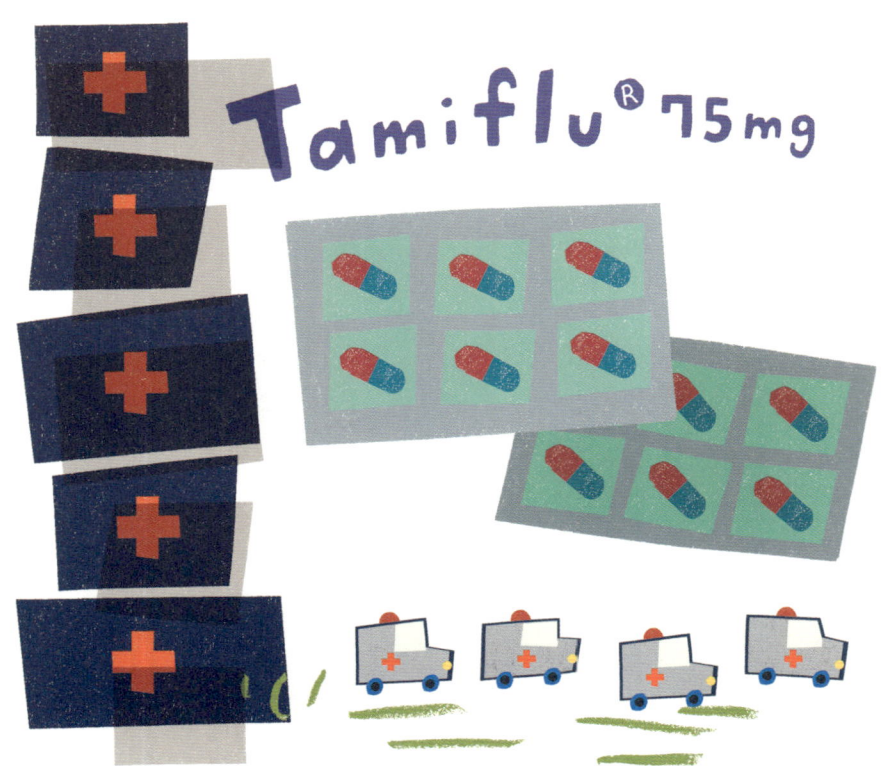

이종욱은 조류 인플루엔자가 사람들 사이에서 전염되면 수많은 사람들의 목숨을 앗아 갈 수 있다고 생각했어요. 그래서 조류 인플루엔자의 치료제인 타미플루를 많이 준비해 두었어요. 한국에 들렀을 때도 타미플루를 미리미리 갖추어 두라고 충고했어요.

'아직은 타미플루를 쉽게 구할 수 있지만, 조류 인플루엔자가 유행하면 순식간에 약이 부족해질 거야.'

어떤 사람들은 이종욱을 '양치기 소년'이라고 부르며 비웃었어요. 확실치도 않은 위험을 지나치게 부풀려 말한다는 것이었지요. 하지만 이종욱은 굴하지 않고 새로운 질병에 대한 경고를 계속했어요.

"바이러스는 예측 불가능하며 국경을 가리지 않습니다. 조류 인플루엔자 바이러스가 앞으로 어떤 식으로 변하여 사람에게 영향을 끼칠지 알 수 없습니다. 치료제인 타미플루를 확보하고, 백신 개발에 힘을 쏟아야 합니다!"

2006년 5월, 이종욱은 그 어느 때보다 바쁜 나날을 보냈어요. 세계 보건 기구의 가장 중요한 회의인 세계 보건 총회가 며칠 앞으로 다가와 있었어요.

"왜 이렇게 머리가 아프지……."

이종욱이 얼굴을 찌푸리며 중얼거렸어요.

"얼굴색이 안 좋으세요. 약속을 취소할까요?"

함께 일하는 직원이 걱정스레 말했어요. 이종욱은 말없이 고개를 저었어요.

이종욱은 두통을 참으며 회의장 단상에 올랐어요. 하지만 곧 정신을 잃고 쓰러지고 말았지요.

병원으로 옮겨진 이종욱은 긴 수술을 받았어요. 가족들과 동료들은 이종욱이 깨어나기를 간절히 바랐어요. 하지만 그 바람은 이루어지지 않았어요.

2006년 5월 22일, 이종욱은 너무나 갑작스럽게 세상을 떠났어요. 세계 보건 기구 사무총장이 된 지 삼 년여 만이었어요.

　세계 보건 기구의 동료들에게 이종욱은 늘 '행동하는 사람'으로 통했어요. 말보다는 행동으로 사람들을 이끌었기 때문이지요.

　세계 보건 기구의 사무총장은 한 나라의 대통령만큼이나 영향력이 큰 자리예요. 하지만 이종욱은 값비싼 자동차 대신 조그마한 자동차를 탔어요. 비행기를 탈 때도 일등석이 아니라 값싼 이등석을 이용했어요.

　"세계 보건 기구 회원국들이 전 세계 사람들의 건강을 위해 쓰라고 낸 돈이에요. 그 돈으로 내가 호강할 수는 없어요."

이종욱의 마음은 언제나 가난하고 힘든 사람들에게 기울어 있었어요. 특히 가난한 나라의 젊은이들에게 관심이 많았지요.

　'가난한 나라가 계속 가난할 수밖에 없는 건, 젊은이들에게 투자하지 못해서야.'

　이종욱은 가난한 나라에 약을 보내 주는 것만큼이나, 그런 약을 관리하고 환자들을 돌볼 수 있는 사람을 키우는 것이 중요하다고 생각했어요. 그래서 '헬스 리더십 프로그램(HLS)'을 만들어, 가난한 나라의 젊은이들이 세계 보건 기구에서 공부할 수 있도록 도왔지요.

이종욱은 세계 보건 기구 사무총장의 오 년 임기 중 약 삼 년이라는 짧은 시간 동안 사무총장으로 머물렀어요. 그럼에도 가장 많은 업적을 남겼다고 평가돼요.

2009년 4월, 신종 인플루엔자 에이가 발생했을 때 사람들은 새삼 이종욱의 이름을 떠올렸어요. 신종 인플루엔자 에이는 여러 종류의 인플루엔자 바이러스 유전자가 뒤섞인 새로운 전염병이었어요. 이종욱이 그토록 걱정했던 일이 실제로 일어난 거예요.

다행히 조류 인플루엔자의 치료제인 타미플루가 신종 인플루엔자 에이에 효과가 있었어요. 세계 보건 기구는 이종욱이 준비해 둔 타미플루로 신종 인플루엔자 에이 환자들을 치료했어요. 또 이종욱이 만든 전략 보건 운영 센터와 국제 보건 규칙을 활용해 신종 인플루엔자 에이가 더 넓은 지역으로 퍼져 나가는 것을 막았어요.

이종욱이 세상을 떠난 후에도 그가 세계 보건 기구를 통해 이루어 놓은 일들은, 전 세계 사람들이 건강하게 살아가는 데 큰 역할을 하고 있어요.

## ♣ 사진으로 보는 이종욱 이야기 ♣

**세계 보건 기구**

　세계 보건 기구(WHO, World Health Organization)는 전 세계 사람들의 건강을 지키기 위해 여러 나라가 함께 만든 국제기구예요. 1945년 미국에서 국제 연합을 만들기 위한 회의가 열렸을 때, 건강에 관한 문제를 맡아 볼 국제기구를 두자는 중국과 브라질의 제안에 따라 만들어졌어요.

스위스 제네바에 있는 세계 보건 기구 본부예요. 우리나라는 1949년에 세계 보건 기구의 회원국이 되었어요.

세계 보건 기구가 하는 일은 무척 다양해요. 하지만 가장 중요한 일은 역시 갖가지 질병을 예방하고 치료하는 것이에요. 인플루엔자 바이러스, 인체 면역 결핍 바이러스, 코로나 바이러스 등 세계 어딘가에서 전염병이 돌거나 원인 모를 질병이 발생하면 세계 보건 기구는 각국 정부와 힘을 모아 병을 물리칠 방법을 찾아요.

세계 보건 기구는 매년 세계 보건 총회를 열어 건강과 관련된 여러 가지 문제를 의논해요. 세계 보건 총회에는 집행 이사회를 맡은 32개 나라뿐 아니라 전체 회원국 대표들이 모두 참여하지요.

결핵, 콜레라, 홍역, 소아마비 같은 전염병이나 일본 뇌염, 말라리아 같은 풍토병(어떤 지역의 독특한 환경이나 풍속이 얽혀 발생하는 병)을 없애는 것도 세계 보건 기구의 일이에요. 이를 위해 세계 보건 기구는 전염병과 풍토병이 많이 발생하는 지역에 백신과 약을 보내고, 병원을 지어 환자들을 돌보는 등 다양한 노력을 기울이고 있어요. 전염병이 유행하지 않도록 주변 환경을 개선하고, 먹을 것과 오염되지 않은 깨끗한 물을 제공하는 등의 활동도 지속적으로 펼쳐요.

이뿐만 아니라 세계 보건 기구는 백신 개발 기술이나 암, 에이즈처럼 많은 사람들의 건강을 위협하는 병의 치료법 등 건강과 관련된 중요한 정보를 각국에 제공해요. 에이즈, 사스, 조류 인플루엔자 등 새로운 질병에 대해서는 각종 캠페인을 펼쳐 사람들의 오

이종욱은 우리나라 최초의 국제 기구 대표예요. 2003년부터 2006년까지 세계 보건 기구를 이끌며 에이즈, 소아마비 같은 질병에 맞서고, 새로운 질병에 대처하는 방법을 찾는 등 세계인의 건강을 지키기 위해 노력했어요.

해를 바로잡고 병에 대처하는 방법을 알려요. 또 건강에 도움이 되는 음식이나 식사량, 먹는 방법 등을 소개하고 새로 개발된 의약품의 안전성을 확인해 주는 것도 세계 보건 기구가 하는 일이에요.

**이종욱이 없애기 위해 노력한 전염병들**

**한센병** '나병균'에 의해 감염되는 전염병이에요. '나병'으로 불리다가 1874년 노르웨이 의사 아르메우에르 한센이 나병균을 발견한 뒤로는 '한센병'이라고 해요.

예전에는 치료하기가 어려웠지만 요즘에는 꾸준히 약을 먹고 치료를 받으면 병이 나을 수 있어요.

또 한센병은 약을 한 번만 먹어도 환자의 몸 안에 있는 나병균이 전염성을 잃기 때문에, 한센병 환자를 무조건 꺼리거나 피해서는 안 돼요.

**소아마비** 어린아이들이 많이 앓는 병으로, '폴리오 바이러스'에 의해 일어나

1898년 타히티섬에서 촬영한 한센병 환자들이에요.

요. 소아마비에 걸리면 손발에 감각이 없어지고 힘을 제대로 쓰지 못하며, 심한 경우 목숨을 잃을 수도 있어요. 또 병이 낫더라도 장애가 남아서 소아마비 환자들은 평생 휠체어나 목발을 이용하는 일이 많아요.

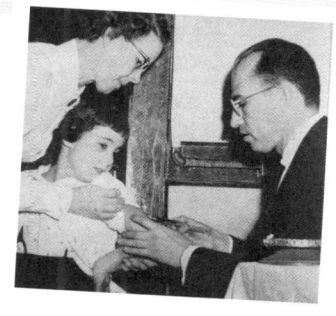

1953년 미국의 과학자 조너스 소크가 소아마비 예방 백신인 '소크 백신'을 개발했어요. 소크 백신이 개발된 후 소아마비 환자 수가 크게 줄었어요.

세계 보건 기구는 1970년대부터 전 세계에서 소아마비를 없애는 것을 목표로 소아마비 백신을 공급했어요. 이종욱도 세계 보건 기구 예방 백신 국장으로 일하던 때, '소아마비와의 전쟁'을 선포하고 소아마비를 없애기 위해 노력했어요. 그 결과, 소아마비 발병률이 인구 만 명당 한 명으로 떨어져 '백신의 황제'라는 별명을 얻기도 했지요.

**결핵** 인류 역사상 가장 많은 생명을 앗아 간 병이에요. 결핵의 원인인 '결핵균'은 폐, 척추, 뇌, 신장 등 우리 몸 어디에서나 병을 일으킬 수 있는데 그중에서도 특히 폐결핵이 많아요. 결핵 환자가 기침을 하거나 말을 할 때 몸 밖으로 나온 결핵균이 공기 중을 떠돌다가 호흡을 통해 전염되기 때문이지요.

폐결핵이 심해지면 열이 나고 몸무게가 줄며, 기운이 없고 쉽게 피로감을 느껴요. 피를 토하거나 호흡하기가 힘들고 가슴에 통증을 느끼기도 해요.

결핵은 세계 보건 기구에서 중점적으로 관리하는 질병 중 하

오른쪽 사진에서 붉게 보이는 부분이 결핵균이에요. 결핵균은 1882년 독일의 과학자 로베르트 코흐가 처음 발견했어요.

나예요. 이종욱도 세계 보건 기구의 결핵 국장으로 일하는 동안 북한을 비롯한 여러 나라에 결핵 약을 보내기 위해 애썼어요.

최근에는 결핵에 걸리는 사람의 수가 많이 줄었지만, 그렇다고 결핵이 완전히 사라진 것은 아니에요. 우리나라에서도 아이가 태어나면 생후 4주 이내에 결핵 예방 백신인 비시지(BCG)를 주사하는 등 결핵 환자 수를 낮추기 위해 다양한 노력을 기울이고 있어요.

**에이즈(AIDS)** '후천 면역 결핍증'이라고도 불리는 에이즈는 오늘날 가장 무서운 질병 중 하나로 꼽혀요. 1981년 미국에서 첫 환자가 발견된 이래, 지금까지 수천만 명이 에이즈로 죽었어요.

에이즈를 일으키는 '인간 면역 결핍 바이러스(HIV)'는 우리 몸의 면역 세포를 파괴해서, 바이러스나 세균 같은 것이 들어왔을 때 맞서 싸우는 힘인 면역력을 떨어뜨려요. 그래서 에이즈에 걸린 사람은 여러 질병에 쉽게 걸릴 뿐 아니라, 보통 사람에게는 아무런 문제가 되지 않는 가벼운 질병으로도 생명을 잃을 수 있어요.

아직까지 에이즈를 완전히 치료할 수 있는 방법은 없어요. 하지만 인간 면역 결핍 바이러스를 강력하게 억제할 수 있는 약이 개발되면서, 꾸준히 치료하면 에이즈 환자도 면역력을 유지할 수 있게 되었어요.

세계 보건 기구 사무총장이 된 직후, 이종욱은 2005년까지 에이즈 환자 300만 명에게 약을 보급하겠다는 쓰리 바이 파이브(3 by 5) 계획을 발표했어요. 처음의 목표를 이루지는 못했지만 쓰리 바이 파이브 계획은 아프리카에 사는 에이즈 환자 100만 명에게 약을 보급하고, 에이즈 환자에 대한 사람들의 관심을 불러일으키는 등 상당한 성과를 거두었어요.

세계 보건 기구는 매년 12월 1일을 '세계 에이즈의 날'로 정했어요. 사람들에게 에이즈를 예방하는 방법을 알리고, 에이즈 환자들에 대한 편견을 없애기 위해 노력하고 있지요. '레드 리본'은 에이즈 환자에 대한 지지를 상징해요.

### 이종욱이 막으려고 했던 새로운 전염병들

**사스**(SARS) '중증 급성 호흡기 증후군'은 '사스-코로나 바이러스'에 의해 발생하는 전염병이에요. 이 병에 걸리면 열이 오르고 기침이 나며 호흡하기가 힘들어지지요.

2002년 11월 중국 광둥성에서 처음 시작된 후, 2003년 7월까지 약 8000명이 사스-코로나 바이러스에 감염되었고 그중 800여 명이 목숨을 잃었어요.

사스는 감염 속도가 빠를 뿐 아니라, 사망률도 높은 병이에요. 게다가 치료법도 없고 백신도 개발되지 않았지요.

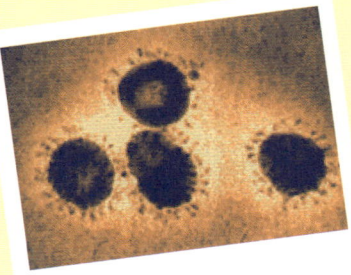

사스를 일으키는 '사스-코로나 바이러스'예요. 생김새가 태양 바깥의 붉은 띠인 코로나를 닮았다고 해서 붙은 이름이지요.

사스는 이종욱이 세계 보건 기구 사무총장으로 일하는 내내 새로운 질병의 위험성에 대해 관심을 갖는 계기가 되었어요.

**조류 인플루엔자**(AI) 닭, 오리를 비롯해 산과 들에 사는 새에게서 유행하는 전염병이에요. 사람에게는 옮지 않는 것으로 알려졌다가, 1997년 홍콩에서 '조류 인플루엔자 바이러스'에 감염돼 죽은 사람이 나오면서 문제가 되기 시작했어요.

2003년 아시아에서 조류 인플루엔자가 발생했을 때, 이종욱은 크게 걱정했어요. 조류 인플루엔자 바이러스의 새로운 형태가 나타나서 조류에게서 사람으로 전염되는 데서 끝나지 않고, 사람과 사람 사이에서 전염되면 큰 문제가 될 수 있었기 때문이지요.

이종욱은 '양치기 소년'이라는 얘기를 들으면서도 조류 인플루엔자에 대한 대비를 강조했어요. 그렇게 마련한 조류 인플루엔자의 치료제 '타미플루'는 2009년 신종 인플루엔자 에이가 유행할 때 큰 도움이 되었어요.

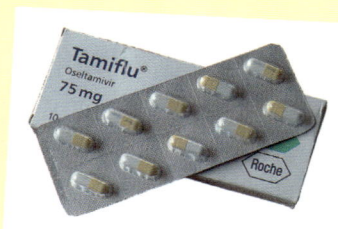

타미플루는 원래 독감 예방용으로 만들어진 약이에요. 하지만 조류 인플루엔자에도 효과가 있는 것으로 드러나서 세계 보건 기구가 조류 인플루엔자의 치료제로 인정했지요.

**신종 인플루엔자**(H1N1) 돼지, 조류, 인간 인플루엔자 에이는 바이러스의 유전자가 뒤섞인 '신종 인플루엔자 에이 바이러스'가 원인이에요. 신종 인플루엔자 에이는 2009년 3월경, 미국과 멕시코 등지에서 처음 발생한 후, 전 세계로 빠르게 퍼져 나가며 사람들을 공포에 떨게 만들었어요.

신종 인플루엔자 에이에 걸리면 인플루엔자, 즉 독한 감기와 비슷한 증상을 보여요. 갑작스럽게 열이 오르고 기침을 하며 몸살을 앓지요. 또 사람에 따라서는 구토나 설사를 하기도 해요.

신종 인플루엔자 에이가 유행한 때는 이종욱이 세상을 떠난 지 3년이 지난 뒤였어요. 하지만 이종욱은 신종 인플루엔자 에이를 치료하는 데 큰 역할을 했어요. 이종욱이 새로운 인플루엔자가 나타날 것을 경고하며 타미플루를 미리 준비해 둔 덕분에, 세계 보건 기구는 신종 인플루엔자 에이에 효과적으로 대처할 수 있었지요.

# 함께 보면 쏙쏙 이해되는 역사

**1945년**
서울에서 태어남.

**1950년**
육이오 전쟁이 일어나 대구로 피란을 감.

**1960년**
경복 고등학교에 입학함.

~1950 | 1960

**1948년**
세계 보건 기구가 설립됨.

**1949년**
우리나라가 세계 보건 기구에 가입함.

**1969년**
국제 보건 규칙이 만들어짐.

**1991년**
세계 보건 기구 서태평양 지역 사무처 질병 관리 국장이 됨.

**1986년**
세계 보건 기구 서태평양 지역 사무처에서 일함.

**1994년**
세계 보건 기구 예방 백신 국장이 됨.

1985 | 1990

**1988년**
12월 1일 첫 번째 '세계 에이즈의 날' 행사가 열림.

◆ 이종욱의 생애
● 세계 보건 기구의 역사

◆ 1970년
서울 대학교 의과 대학에 합격함.

◆ 1976년
성 라자로 마을에서 한센병 환자들을 돌봄.

◆ 1979년
미국 하와이 대학교로 유학을 감.

◆ 1981년
사모아의 린든 존슨 병원에서 의사로 일함.

◆ 1983년
세계 보건 기구 남태평양 지역 사무처에서 일함.

**1970**

**1980**

◆ 1998년
세계 보건 기구 사무총장 브룬틀란의 특별 보좌관이 됨.

◆ 2000년
세계 보건 기구 결핵 국장이 됨.

◆ 2003년
세계 보건 기구 제6대 사무총장이 됨.
쓰리 바이 파이브 계획을 발표함.

◆ 2006년
세상을 떠남.

**1995**

**2000**

● 1995년
소아마비 발병률이 세계 인구 일만 명당 한 명 이하로 떨어짐.

● 2002년
사스가 발생함.

● 2003년
아시아에서 조류 인플루엔자가 유행함.

● 2009년
신종 인플루엔자 에이가 발생함.

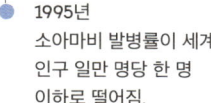

추천사

# 「새싹 인물전」을 펴내면서

요즈음 아이들에게 '훌륭한 사람'이 누구냐고 물으면 '돈 많이 버는 사람'이라고 대답한다고 합니다. 초등학생의 태반은 가수나 배우가 되고 싶어 하고요. 돈 많이 버는 사람이나 연예인이라는 직업이 나쁘다는 것이 아니라, 아이들이 각자가 갖고 있는 재능과는 상관없이 모두 똑같은 꿈을 갖는 것 같아 걱정입니다. 또 한편으로는 아이들이 진정 마음으로 닮고 싶은 사람에 대한 정보가 부족한 것은 아닌가 하는 생각도 듭니다.

어릴수록 위인 이야기의 힘은 큽니다. 아직 어리고 조그마한 아이들은 자신이 보잘것없다고 생각하고 위인들의 성공에 감탄합니다. 하지만 그네들에게는 끝없이 열린 미래가 있습니다. 신화처럼 빛나는 위인들의 모습은 아이들에게 훌륭한 역할 모델이 되고, 그런 삶을 살기 위해 무엇을 어떻게 해야 할지를 알려 주는 밝은 등대가 됩니다.

그렇다면 우리가 어른으로서 아이들에게 권해야 할 위인전은 무엇일까요? 보통 우리가 생각하는 '위인'은 훌륭한 업적을 남긴

위대한 사람, 멋지고 능력 있는 사람입니다. 하지만 시대가 변했으니 아이들이 역할 모델로 삼을 수 있는 위인의 정의나 기준도 변해야 할 것입니다.

　그런 의미에서 비룡소의 「새싹 인물전」은 종래의 위인전과는 다른 점이 많습니다. 시리즈 이름이 '위인전'이 아닌 '인물전'이라는 데 주목하기 바랍니다. 「새싹 인물전」은 하늘에서 빛나는 위인을 옆자리 짝꿍의 위치로 내려놓습니다. 만화 같은 친근한 일러스트는 자칫 생소할 수 있는 옛사람들의 이야기를 일상에서 만날 수 있는 재미있는 사건처럼 보여 줍니다.

　또 하나, 「새싹 인물전」에는 위인전에 단골로 등장하는 태몽이나 어린 시절의 비범한 에피소드, 위인 계정설 같은 과장이 없습니다. 사실 이런 이야기들은 현대를 사는 아이들에게는 황당하고 이해하기 힘든 일일 뿐입니다. 그보다는 천 리 길도 한 걸음부터, 큰 성공도 자잘한 일상의 인내와 성실함이 없었다면 이루어질 수 없었다는 것을 알려 주는 것이 중요합니다. 세상 사람들의 우러름을 받는 이들도 여느 아이들과 같은 시절을 겪었음을 보여 줌으로써, 아이들에게 괜한 열등감을 주지 않고 그네들의 모습을 마음속에 담을 수 있도록 해 주는 것입니다.

 덧붙여 위인전이란 그 인물이 얼마나 훌륭한 업적을 남겼는가 보여 주는 것도 중요하지만, 얼마나 참된 인간다움을 보였는가를 알려 줄 필요도 있습니다. 여기서 '인간다움'이란 기본적인 선함과 이해심, 남을 위해 봉사할 수 있는 사랑과 배려, 그리고 한 가지 목표를 설정하고 앞으로 나아갈 수 있는 의지와 용기를 말합니다. 성취라는 결과보다는 성취하기 위한 과정을 보여 주고, 사회적인 성공보다는 한 인간으로서 얼마나 자기 자신에게 철저하고 진실했는지를 보여 주는 것이 중요하다는 것입니다.

 하지만 아무리 좋은 가르침도 사랑과 따뜻함이 없으면 억누름과 상처가 될 뿐이겠지요. 「새싹 인물전」은 나의 노력과 의지에 따라 얼마든지 의미 있는 삶을 살 수 있음을 알려 줍니다. 내가 알고 있는 삶 외에도 또 다른 삶이 존재할 수 있다는 것, 꿈을 키우고 이루어 가는 과정에서 배우고 경험하게 되는 것들의 가치, 그런 따뜻함을 담고 있는 위인전입니다. 부디 이 책이 삶의 첫발을 내딛는 아이들에게 좋은 길잡이가 되었으면 하는 바람입니다.

| 기획 위원
| 박이문(전 연세대 교수, 철학)
| 장영희(전 서강대 교수, 영문학)
| 안광복(중동고 철학 교사, 철학 박사)

● 사진 제공
66~67쪽, 68쪽(아래), 69~72쪽_ 위키피디아. 68쪽(위)_ 게티 이미지.

글쓴이 **이은정**

강원도 인제에서 태어나 서울 예술 대학 문예 창작과를 졸업했다. 『소나기밥 공주』로 제13회 좋은 어린이 책 원고 공모 고학년 창작 부문 대상을 받았다. 지은 책으로는 『안녕, 그림자』, 『목기린 씨, 타세요!』, 『우리 여기에 있어!』(공저), 『박에스더』, 『주시경』 등이 있다.

그린이 **우지현**

서울에서 태어나고 자랐다. 산과 도서관을 좋아하며, 다양한 어린이 책에 재미있으면서도 따뜻한 그림을 그려 왔다. 그린 책으로 『엄마의 역사 편지』, 『일곱 빛깔 독도 이야기』, 『그래서 이런 한국사가 생겼대요』, 『화학 원소 아파트』, 『송곳니의 법칙』, 『우리 반 채무 관계』 등이 있다.

**새싹 인물전 060** **이종욱**

1판 1쇄 펴냄 2014년 12월 12일   1판 6쇄 펴냄 2020년 5월 22일
2판 1쇄 펴냄 2021년 5월 28일   2판 4쇄 펴냄 2024년 1월 18일

**글쓴이** 이은정   **그린이** 우지현
**펴낸이** 박상희   **편집장** 전지선   **편집** 송재형   **디자인** 박연미, 이유림
**펴낸곳 (주)비룡소**   출판등록 1994.3.17. (제16-849호)
주소 06027 서울시 강남구 도산대로1길 62 강남출판문화센터 4층
전화 02)515-2000  팩스 02)515-2007   홈페이지 www.bir.co.kr
제품명 어린이용 각양장 도서   제조자명 **(주)비룡소**   제조국명 대한민국   사용연령 3세 이상

ⓒ 이은정, 우지현, 2014. Printed in Seoul, Korea

ISBN 978-89-491-2940-2 74990
ISBN 978-89-491-2880-1 (세트)

## 「새싹 인물전」 시리즈

- 001 **최무선** 김종렬 글 이경석 그림
- 002 **안네 프랑크** 해리엇 캐스터 글 헬레나 오웬 그림
- 003 **나운규** 남찬숙 글 유승하 그림
- 004 **마리 퀴리** 캐런 월리스 글 닉 워드 그림
- 005 **유일한** 임사라 글 김홍모·임소희 그림
- 006 **윈스턴 처칠** 해리엇 캐스터 글 린 윌리 그림
- 007 **김홍도** 유타루 글 김홍모 그림
- 008 **토머스 에디슨** 캐런 월리스 글 피터 켄트 그림
- 009 **강감찬** 한정기 글 이홍기 그림
- 010 **마하트마 간디** 에마 피시엘 글 리처드 모건 그림
- 011 **세종 대왕** 김선희 글 한지선 그림
- 012 **클레오파트라** 해리엇 캐스터 글 리처드 모건 그림
- 013 **김구** 김종렬 글 이경석 그림
- 014 **헨리 포드** 피터 켄트 글·그림
- 015 **장보고** 이옥수 글 원혜진 그림
- 016 **모차르트** 해리엇 캐스터 글 피터 켄트 그림
- 017 **선덕 여왕** 남찬숙 글 한지선 그림
- 018 **헬렌 켈러** 해리엇 캐스터 글 닉 워드 그림
- 019 **김정호** 김선희 글 서영아 그림
- 020 **로버트 스콧** 에마 피시엘 글 데이브 맥타가트 그림
- 021 **방정환** 유타루 글 이경석 그림
- 022 **나이팅게일** 에마 피시엘 글 피터 켄트 그림
- 023 **신사임당** 이옥수 글 변영미 그림
- 024 **안데르센** 에마 피시엘 글 닉 워드 그림
- 025 **김만덕** 공지희 글 장차현실 그림
- 026 **셰익스피어** 에마 피시엘 글 마틴 렘프리 그림
- 027 **안중근** 남찬숙 글 곽성화 그림
- 028 **카이사르** 에마 피시엘 글 레슬리 뷔시커 그림
- 029 **백남준** 공지희 글 김수박 그림
- 030 **파스퇴르** 캐런 월리스 글 레슬리 뷔시커 그림
- 031 **유관순** 유은실 글 곽성화 그림
- 032 **알렉산더 벨** 에마 피시엘 글 레슬리 뷔시커 그림
- 033 **윤봉길** 김선희 글 김홍모·임소희 그림
- 034 **루이 브라유** 테사 포터 글 헬레나 오웬 그림
- 035 **정약용** 김은미 글 홍선주 그림
- 036 **제임스 와트** 니컬라 백스터 글 마틴 렘프리 그림
- 037 **장영실** 유타루 글 이경석 그림
- 038 **마틴 루서 킹** 베르나 윌킨스 글 린 윌리 그림
- 039 **허준** 유타루 글 이홍기 그림
- 040 **라이트 형제** 김종렬 글 안희건 그림
- 041 **박에스더** 이은정 글 곽성화 그림
- 042 **주몽** 김종렬 글 김홍모 그림
- 043 **광개토 대왕** 김종렬 글 탁영호 그림
- 044 **박지원** 김종광 글 백보현 그림
- 045 **허난설헌** 김은미 글 유승하 그림
- 046 **링컨** 이명랑 글 오승민 그림
- 047 **정주영** 남경완 글 임소희 그림
- 048 **이호왕** 이영서 글 김홍모 그림
- 049 **어밀리아 에어하트** 조경숙 글 원혜진 그림
- 050 **최은희** 김혜연 글 한지선 그림
- 051 **주시경** 이은정 글 김혜리 그림
- 052 **이태영** 공지희 글 민은정 그림
- 053 **이순신** 김종렬 글 백보현 그림
- 054 **오드리 헵번** 이은정 글 정진희 그림
- 055 **제인 구달** 유은실 글 서영아 그림
- 056 **가브리엘 샤넬** 김선희 글 민은정 그림
- 057 **장 앙리 파브르** 유타루 글 하민석 그림
- 058 **정조 대왕** 김종렬 글 민은정 그림
- 059 **나폴레옹 보나파르트** 남찬숙 글 남궁선하 그림
- 060 **이종욱** 이은정 글 우지현 그림

061 **박완서** 유은실 글 이윤희 그림
062 **장기려** 유타루 글 정문주 그림
063 **김대건** 전현정 글 홍선주 그림
064 **권기옥** 강정연 글 오영은 그림
065 **왕가리 마타이** 남찬숙 글 윤정미 그림
066 **전형필** 김혜연 글 한지선 그림
067 **이중섭** 김유 글 김홍모 그림
068 **그레이스 호퍼** 박주혜 글 이해정 그림

\* 계속 출간됩니다.